# Limburg an der Lahn

Christoph Waldecker

SCHNELL + STEINER

Bistum Limburg

**Bildnachweis**
Verlag Bistum Limburg, Baumann:
Vordere Umschlagseite, Seite 6, 17, 20, 21,
22, 25 oben
Magistrat der Kreisstadt Limburg a. d. Lahn,
Stadtarchiv: Vorsatz
Werner Enders: Rückwärtige Umschlag-
seite, Seite 10, 36 rechts, 47
Rainer Boos, Regensburg: Seite 29, 33, 31,
36 links

Magistrat der Kreisstadt Limburg a. d. Lahn,
Amt für Stadtmarketing und Touristik:
Seite 14, 16, 23 oben, 25 unten, 26, 28,
32 unten, Nachsatz
Norbert Latocha, Obertshausen: Seite 24
Alle anderen Aufnahmen:
Christoph Waldecker, Limburg

Bibliografische
Information der
Deutschen National-
bibliothek
Die Deutsche
Nationalbibliothek
verzeichnet diese
Publikation in der
Deutschen
Nationalbibliografie;
detaillierte biblio-
grafische Daten sind im
Internet über
http://dnb.d-nb.de
abrufbar.

1. Auflage 2010
ISBN 978-3-7954-2332-2
Diese Veröffentlichung bildet Band 251 in
der Reihe „Große Kunstführer" unseres
Verlages. Begründet von Dr. Hugo Schnell †
und Dr. Johannes Steiner †.

© 2010 Verlag Schnell & Steiner GmbH,
Leibnizstraße 13, D-93055 Regensburg
Telefon: (09 41) 7 87 85-0
Telefax: (09 41) 7 87 85-16
Druck: Erhardi Druck GmbH, Regensburg

Weitere Informationen zum
Verlagsprogramm erhalten Sie unter:
www.schnell-und-steiner.de

**Vordere Umschlagseite:**
Der Dom, hier West- und Südseite,
thront über der Limburger Altstadt.

**Rückwärtige Umschlagseite:**
Dom und Schloss, Ostseite,
von der Lahn aus gesehen.
Im Vordergrund die Obermühle.

**Vorsatz:**
Limburg a. d. Lahn im 17. Jahrhundert,
einem Stich von Merian nachempfunden.

**Nachsatz:**
Karte der Limburger Altstadt.

Dieser Große Kunstführer ist in
Kooperation des Verlags Schnell und
Steiner mit dem Verlag des Bistums
Limburg entstanden.
In dieser Zusammenarbeit erscheinen
in der Reihe der Kleinen Kunstführer die
„Kunstdenkmäler im Bistum Limburg".

2

# Inhalt

# Vor- und Frühgeschichte

Im Jahre 2010 blickt die Stadt Limburg an der Lahn auf 1100 Jahre seit ihrer urkundlichen Ersterwähnung zurück. Spuren aus vielen Jahrhunderten finden sich im Stadtgebiet, wo seit sehr langer Zeit Menschen siedelten.

Limburg und das Limburger Becken sind als Siedlungsplatz sehr alt. Im Stadtgebiet und der näheren Umgebung wurden Besiedlungsspuren gefunden, die bis zu 35 000 Jahre alt sind. Cro Magnon-Menschen, jungsteinzeitliche Jäger, Angehörige der Michelsberger Kultur und der Urnenfeldkultur, aus der Eisenzeit und Latenézeit hinterließen ihre Spuren in der Region.

Der Limburger Domberg wurde vermutlich, wie Ausgrabungen im Jahr 2009 in der direkten Nachbarschaft des Doms zeigen, bereits in vorchristlicher Zeit besiedelt. Bei Bauarbeiten traten zahlreiche Keramikfunde zu Tage, die deutlich älter sind als die bisher gefundenen. Genauere Untersuchungen sind noch im Gange.

Aus der römischen Kaiserzeit gibt es bisher nur wenige Funde; es handelt sich um einige Keramikreste, vielleicht germanischen Ursprungs. Seit dem 7. Jahrhundert finden sich fränkische Siedlungsspuren in größerer Zahl im Limburger Raum.

Das Christentum hatte in Dietkirchen ein erstes Zentrum an der Lahn. Die Reliquien des heiligen Lubentius († um 370) wurden im 9. Jahrhundert von der Mosel in die ca. 730 entstandene Kirche übertragen. Ob und wie der Limburger Domfelsen zu dieser Zeit bereits besiedelt war, muss offen bleiben bzw. lässt die zukünftige archäologische Forschung auf neue Erkenntnisse hoffen.

Limburg vom Eschhöfer Weg aus gesehen. Ölbild des niederländischen Malers Jan Simon Voddigel (1820–1862) von 1856. Das Original befindet sich im Limburger Stadtarchiv.

# Die Entwicklung Limburgs
## vom 10. bis zum Anfang des 13. Jahrhunderts

Erstmals aus dem Dunkel der Geschichte tritt Limburg am 10. Februar 910. An diesem Tag stellte in Frankfurt am Main König Ludwig das Kind eine Urkunde aus. Mit dieser schenkt er dem Grafen Konrad Kurzbold den Herrenhof in Oberbrechen unweit Limburgs mit allem Zubehör, Gebäuden, Kirche, Zehnten, Gesinde, allen Weiden, Wiesen, Wäldern, Gärten und Feldern, Gewässer, Mühlen, Fischerei. Das Geschenk benötigte Konrad, um die Kirche, *die er auf einem Berge, namens Lintburk im Lahngau zu errichten bemüht ist*, auszustatten. Es war dies die erste urkundliche Erwähnung Limburgs. Bei der genannten Kirche handelte es sich um ein Kanonikerstift, das der Graf in seiner Burg auf dem heutigen Domfelsen ansiedelte.

Die Urkunde ist bis zum heutigen Tag im Original erhalten und befindet sich im Hessischen Hauptstaatsarchiv Wiesbaden.

Die zweite Erwähnung Limburgs erfolgte 940, und wieder war eine Zuwendung des Herrschers der Grund. Diesmal war es Otto I. (912–973). Am 20. April 940 ließ er in Quedlinburg eine Urkunde ausstellen. Bischof Diethard von Hildesheim und Graf Konrad Kurzbold baten ihn, dem Stift St. Georg in Limburg das Gut zu schenken, das bisher der Adlige Eberhard in Niederzeuzheim im Lahngau besessen hatte. Es sollte den Unterhalt der Limburger Kleriker vermehren. Diese Urkunde, weit entfernt von Limburg ausgestellt, beweist die engen Beziehungen des Grafen Konrad Kurzbold zum Herrscher. Bei dem Gut handelt es sich um

Detail des Grabmals des Gaugrafen Konrad Kurzbold im Limburger Dom.

Konrad Kurzbold entstammte dem Geschlecht der Konradiner. Bereits sein Vater Eberhard war Graf im Niederlahngau. Dieser starb 902. Konrad trat die Nachfolge an.

Er war ein treuer Gefolgsmann des letzten ostfränkischen Karolingers Ludwig IV., genannt das Kind.

Mit der Thronerhebung Konrads I. aus der Familie der Konradiner im Jahr 911 war sein Vetter Konrad Kurzbold nun im engen Umfeld des Königs zu finden.

Eine militärisch herausragende Leistung vollbrachte Konrad Kurzbold mit dem Sieg in der zweiten Schlacht bei Andernach am 2. Oktober 939. Zusammen mit Udo, dem Grafen der Wetterau, besiegte er die Herzöge Eberhard von Franken und Giselbert von Lothringen, die beide umkamen. Als Belohnung erhielt Konrad von Kaiser Otto I. ein Gut für das Limburger Stift.

Konrad galt als furchtlos. Sein Beiname deutet nicht auf eine geringe Körpergröße hin, sondern vielmehr spielt sie auf sein bevorzugtes Kleidungsstück an. Konrad starb am 10. Juni 948 und wurde in der Limburger Stiftskirche beigesetzt. Sein Grab befindet sich

Grabmal des Gaugrafen Konrad Kurzbold im Limburger Dom.

heute nach mehreren Verlegungen im nördlichen Querhaus des Limburger Doms.

ehemaligen Besitz des fränkischen Herzogs Eberhard, Gaugraf im Oberlahngau. Er war im Herbst 939 im Aufstand gegen Otto I. in der Schlacht bei Andernach umgekommen, seine Güter an den König gefallen. Eberhard war der Bruder des Königs Konrad I. (911–918) und damit ein Vetter des Grafen Konrad Kurzbold.

König Otto I. blieb dem Limburger Stift auch weiterhin gewogen, denn am 2. Juni 942 nahm er es auf Bitten des Grafen Konrad in seinen Schutz. Dies bedeutete: Das Stift und alle seine Besitztümer durften nicht angetastet werden, wollte sich der Angreifer nicht den königlichen Zorn und gegebenenfalls eine Strafaktion zuziehen. Wie die praktischen Auswirkungen gewesen wären angesichts mittelalterlicher Kommunikations- und Reisewege mag dahingestellt bleiben. Die Einbeziehung in königlichen Schutz war auf jeden Fall eine Auszeichnung, die auf ein besonders gutes Verhältnis zwischen Herrscher und Grafen schließen lässt.

Otto I. bestimmte, dass der Erbe Konrads, wer auch immer es sei, Patron und Vogt (weltlicher Richter) des Stiftes sein solle, diesem aber keinen Besitz entfremden dürfe. Bei einem Verstoß könnten die Brüder zu ihm, dem König, oder seinen Nachfolgern fliehen, die ihnen zur Rückkehr ins Stift verhelfen würden. Niemals wieder darf die Limburger Kirche zu Lehen gegeben werden oder jemandem als Eigentum übereignet werden.

Ein Jahrhundert später waren es abermals zwei Herrscher, die Salier Konrad II. (1024–1039) und Heinrich IV. (1056–1106), die das Stift St. Georg in Limburg mit Schenkungen bedachten. Kaiser Konrad II. übereignete den Kanonikern Weinberge und den Hof zu Kamp (heute: Kamp-Bornhofen) am Rhein. Am 27. Mai 1059 schenkte König Heinrich IV. dem Stift diverse Ländereien mit Zubehör, Hörigen und Rechten.

Ursprünglich waren die Kanoniker in den Räumen der Burg des Grafen Konrad untergebracht. In dieser Burg, von der es heute keine Überreste mehr gibt, dürfte sich auch eine Kirche befunden haben.

Die Kirche der Geistlichen war nicht die Pfarrkirche der Limburger. Für sie gab es die Laurentiuskirche am Rossmarkt, im heutigen Garten des bischöflichen Ordinariats. Seit 1331 wird sie urkundlich erwähnt, dürfte aber deutlich älter sein. Mit der Verlegung des Altars in die Stiftskirche verlor dieses Gotteshaus aber seine Bedeutung. 1607 stürzte das Dach ein, was zum Anlass genommen wurde, sie gänzlich niederzulegen.

Die Entwicklung der Stadtherrschaft ist für die Frühzeit nicht völlig deutlich. Die Konradiner starben 966 mit dem Tod Eberhards aus. Für die folgenden eineinhalb Jahrhunderte ist über die Machtverhältnisse an der Lahn wenig bekannt. Das Limburg umgebende Land kam unter die Herrschaft der Grafen von Diez, die spätestens ab 1074 das führende Geschlecht in dieser Region waren. Limburg nahm allerdings eine andere Entwicklung. 1036 erbten die Luxemburg-Gleiberger als Verwandte der Konradiner die Herrschaft. Von ihnen übernahm sie im Laufe des 12. Jahrhunderts die Grafen von Peilstein-Kleeberg-Mörle, dann die Grafen von Leiningen. Es begann eine Zeit des wirtschaftlichen und technischen Aufstiegs. Dies wird etwa deutlich am Bau der Lahnbrücke, der um 1160 begann.

Kanoniker waren Weltgeistliche, die in Gemeinschaft lebten. Sie gehörten allerdings keinem Orden an, sind damit von den Mönchen zu unterscheiden. Die ersten Zeugnisse solcher Gemeinschaften stammen aus dem 6. Jahrhundert. Durch Chrodegang von Metz wurde um 755 lokal begrenzt eine Kanonikerregel eingeführt, die dann 816 auf dem Konzil von Aachen zur allgemeinverbindlichen Regel wurde. Die Geistlichen lebten gemeinsam, versahen alle den Gottesdienst an ihrer Kirche, trugen einen Habit, durften aber im Gegensatz zu Mönchen persönlichen Besitz haben. Mit der Säkularisation Anfang des 19. Jahrhunderts kam das Ende für praktisch alle Kanonikerstifte in Deutschland.

## Die Lahnbrücke

Wer in früheren Jahrhunderten von
Norden nach Limburg kam, etwa über
die Hohe Straße über den Westerwald,
näherte sich der Stadt von der Brückenvorstadt aus. Der stolze äußere
Brückenturm markierte den Weg über
die Alte Lahnbrücke.
Der Übergang über die Lahn ist älter
als Limburg selbst. Jahrhunderte lang

wurde eine Furt genutzt, um auf die
andere Seite des Flusses zu gelangen.
Erst in der zweiten Hälfte des 12. Jahrhunderts wurde eine hölzerne Brücke
errichtet, vermutlich auf Initiative des
Priesters Gottfried von Beselich. Sie
befand sich wenige Meter flussauf-
wärts der heutigen steinernen Brücke
und verband die heutige Tränkgasse
auf Limburger Seite mit gleichnamiger
Gasse in der Brückenvorstadt. Bereits
1227 wurde von Passanten Zoll erhoben. Die Launen der Natur machten
aber bald deutlich, dass die Brücke un-
zureichend war: Wiederholt wurde sie
durch Eisgang beschädigt, 1255 und
1304 gar weggerissen. So begannen
die Planungen für einen stabileren
Lahnübergang.
Ab 1315 wurde eine Brücke aus Stein
mit acht Bögen errichtet, doch bestand für wenigstens weitere sechs
Jahrzehnte auch noch die Holzbrü-
cke. Zur Finanzierung wurde auf das
bewährte Mittel päpstlicher Ablässe
zurückgegriffen, und 1357 erlaubte
Kaiser Karl IV. den Limburgern, einen
Brückenzoll zu erheben. Dieser Zoll
blieb – lange Zeit als wichtige Einnah-
mequelle der Stadt – bis zum Ersten
Weltkrieg erhalten.
In den vielen Jahrhunderten ihres
Bestehens musste die Brücke immer
wieder instand gesetzt werden. 1751
bis 1754 erfolge eine Generalrepa-
ratur der Pfeiler und des Pflasters,
die mehr als 2 000 Reichsthaler kos-
tete. Die Begutachtung vor Beginn
der Arbeiten hatte der berühmte Baumeister *Balthasar Neumann* vorgenommen.
Zwei Mal in ihrer langen Geschichte
drohte die Brücke zerstört zu werden:
1795 versuchten französische Soldaten
bei ihrer Flucht vor den kaiserlichen
Truppen, den Lahnübergang zu spren-
gen. Es explodierte aber nur eine
Bombe, die lediglich das Pflaster beschädigte. 1945 ging es nicht ganz so
glimpflich ab. Unmittelbar vor dem
Einrücken amerikanischer Truppen
versuchte ein deutsches Sprengkommando, die alte Lahnbrücke ebenso zu

zerstören wie die in der Nähe befindliche Autobahnbrücke über das Tal. Anders als bei der sehr viel größeren Autobahnbrücke gelang die Sprengung der mittelalterlichen Brücke nicht. Ein Bogen wurde nur zerstört. Amerikanische Pioniere errichteten deshalb rasch eine Pontonbrücke etwa an der Stelle, wo ursprünglich der hölzerne Lahnübergang war. Noch in den 1940er Jahren wurde die Lahnbrücke wieder instand gesetzt, was heute noch an der unterschiedlichen Färbung der äußeren Steinverkleidung erkennbar ist. Markant ist auf der Mitte der Brücke auf der lahnaufwärts gelegenen Seite die Figur des hl. Johannes von Nepomuk, die 1966 von *Karl Winter* geschaffen wurde. Sie ersetzte den ursprünglichen Nepomuk, der 1713 von

Johann Philipp Scheurer aus Heilbronn zur Erinnerung an seine Limburger Jugendzeit gestiftet wurde. Diese Figur befindet sich heute im Stadtarchiv.

Auf der lahnabwärts gelegenen Seite steht ein Brückenkreuz, dessen Alter unbekannt ist, das aber 1657 renoviert wurde. Ursprünglich waren die Plätze von Kreuz und Nepomuk-Figur vertauscht, doch wurden nach der Wiederherstellung der Brücke 1947 die Standorte gewechselt.

Flankiert wurde die Brücke von zwei Türmen, dem inneren und dem äußeren **Brückenturm**. Beide wurden etwa zur gleichen Zeit wie die Brücke errichtet. Ursprünglich befand sich am äußeren Brückenturm zwischen erstem und zweitem Brückenpfeiler eine hölzerne Zugbrücke. Außerdem verfügte der Turm über ein Fallgitter, so dass die Stadt auf diese Weise vor Angriffen geschützt werden konnte. Am Ende des 15. Jahrhunderts wurde nach dem Abklingen einer Pestwelle eine Kapelle angebaut. Sie wurde ab 1818 niedergelegt, als die Stadtbefestigung abgebaut wurde. Auch der äußere Brückenturm sollte zerstört werden, doch kam es nicht dazu, so dass er bis heute einen Eindruck der Türme rund um die Stadt gibt. So glimpflich wurde mit dem inneren Brückenturm nicht verfahren: er fiel der Spitzhacke zum Opfer, so dass heute nichts mehr an ihn erinnert.

## Der Katzenturm

Unweit der alten Lahnbrücke befindet sich ein weiterer Rest der städtischen Verteidigungsanlagen: **Der Katzenturm**. Er entstand zwischen 1220 und 1230. Das Untergeschoss weist einen Durchmesser von zehn Metern auf, wobei eine Mauerstärke von ca. 2,50 Meter erreicht wird. Im Mittelalter diente der Turm u. a. als Gefängnis. Seinen Namen hat er von den hier abgeschossenen „Katzenköpfen". 1818 gehörte der Bau, ursprünglich Teil der Stadtmauer, zur angrenzenden Niedermühle. In den folgenden Jahrzehnten verfiel

Der Katzenturm mit seinen mächtigen Mauern, einer der wenigen Reste der mittelalterlichen Stadtbefestigung.

der Turm immer mehr, so dass zu Anfang des 20. Jahrhunderts nur noch eine Ruine stand. 1984 bis 1986 wurde der Turm wieder hergestellt. Heute befindet sich hier ein Lahnschifffahrts-Museum der Limburger Marine-Kameradschaft.

Dass Limburg sich im hohen Mittelalter auch wirtschaftlich positiv entwickelte wird deutlich an der Münzprägung, die ab 1180 nachweisbar ist. Stadtherr Emicho von Leiningen zeichnete dafür verantwortlich. Ab 1195 ist das Limburger Maß nachweisbar, was ebenfalls einen Hinweis gibt auf die wirtschaftliche Bedeutung der Stadt in der Region und darüber hinaus.

## ◼ Das Schloss

Die Macht und die wirtschaftliche Kraft Limburgs wird auch am **Schlossbau** ersichtlich, der auf der höchsten Stelle der Altstadt steht. Oft enden die Spaziergänge vieler heutiger Limburg-Besucher durch die Altstadt im Dom – nicht wissend, dass sich wenige Schritte am Gotteshaus vorbei noch ein weiterer markanter Bau befindet: das Schloss. Die Bezeichnung ist eigentlich irreführend, denn die Anlage diente nie Wohnzwecken, war vielmehr immer ein Dienstgebäude. Insofern wäre „Burg" treffender, doch hier wird der allgemeine Sprachgebrauch beibehalten.

Wann die ersten Gebäude hier standen, bleibt im Dunkel der Geschichte verborgen. Tatsache ist, dass es bereits 910 ein Anwesen gegeben haben muss, denn Gaugraf Konrad Kurzbold hatte das von ihm gegründete Stift St. Georg in den Räumen der Burg untergebracht. Von den Bauten dieser Zeit sind keine Reste mehr vorhanden. Einige Bereiche des heutigen Baus lassen sich auf das letzte Viertel des 12. Jahrhunderts datieren.

Der schönste Bereich des Schlosses und zugleich der älteste ist die **Petruskapelle** in der Südostecke der Anlage. Der kleine Saalraum mit flacher Decke

hat einen Chorbereich mit halbrunder Apsis. Im östlichen Bereich ist eine Steinschichttechnik erkennbar, die spätestens in das 12. Jahrhundert datierbar ist. Die hervorstechendste Besonderheit der Kapelle ist die monumentale Christophorus-Malerei an der Nordwand, die eindeutig auf die Zeit um 1300 datierbar ist. Sie wurde in einer Rundbogennische aufgebracht. Durch einen Türdurchbruch in den benachbarten Schlossbereich wurde der untere Teil der Malerei zerstört.

Nördlich an die Kapelle schließt sich der **Wohnturm** an, der nach französischen und süditalienischen Vorbildern wohl um 1250 entstand und einen fast quadratischen Grundriss hat. Die einzelnen Stockwerke dieses Bereiches sind durch eine innen liegende steinerne Wendeltreppe verbunden. Im ersten Stock befindet sich ein Kamin aus rotem Marmor, der zu den interessantesten Ausstattungsstücken des Schlosses gehört.

Der in der Nordostecke der Anlage befindliche **Renaissancebau** beherbergte einst die Küche des Schlosses. Das Erdgeschoss ist massiv gebaut, die Stockwerke darüber in Fachwerk. Die zur Lahnseite hin gelegene Mauer und der Fachwerkbau werden seit 2007 saniert, um die Stabilität des Bauwerkes zu gewährleisten.

Im Erdgeschoss des **Südflügels** befindet sich seit 1977 das Stadtarchiv. Da dieser Teil des Schlosses 1929 völlig abbrannte, sind die Räume rein zweckmäßig angelegt, was aber der Nutzung sehr entgegenkommt. Dem Feuer fiel seinerzeit nicht nur das Gebäude, sondern auch die darin befindliche Borromäus-Bibliothek zum Opfer. Trotz des sofortigen Eingreifens der Feuerwehr war nicht viel zu retten, da der strenge Frost das Löschwasser in den Schläuchen gefrieren ließ. Einige Tage nach dem Brand schwirrten Gerüchte durch die Stadt, die verkohlten Ruinen würden abgerissen. Dann jedoch erfolgte seitens der Obrigkeit ein eindeutiges Bekenntnis zum Wiederaufbau des Schlosses, der bis 1935 erfolgte. In

Im Schloss ist heute u.a. das Stadtarchiv untergebracht. Der Südflügel wurde nach dem Brand 1929 wieder aufgebaut, die Innenräume dabei funktional gestaltet.

der Folgezeit wurde das Schloss von diversen Schulen genutzt.

Im Obergeschoss des Südflügels befinden sich heute ein Probenraum des Domchores sowie ein Versammlungsraum der italienischen katholischen Gemeinde.

In der Nordwestecke des Schlosses steht ein 1720 errichteter Barockbau, auch „Neues Schloss" genannt. Er wurde als Dienst- und Wirtschaftsgebäude des kurtrierischen Beamten, Keller oder Kellner genannt, erbaut. Wie Stadt und Stift Limburg ging auch das Schloss 1802/1803 an Nassau über. Mit dem Ableben des letzten kurtrierischen Vertreters 1815 beabsichtigte die herzogliche Regierung, den Barockbau der Geistlichkeit zu verkaufen, was von dieser Seite aber aufgrund des allgemeinen Zustandes und der hohen Heizkosten abgelehnt wurde. Die Meinung dazu änderte sich

aber später: 1871 überließ die preußische Regierung, inzwischen Eigentümerin der Anlage, das Gebäude dem Bistum Limburg auf Bitten des Bischofs Peter Joseph Blum zur Nutzung, nicht zum Eigentum. Der Pfarrer, der den Bau erhielt, zog es aber vor, zu vermieten statt ihn selbst zu nutzen. Während des Kulturkampfes verlor das Bistum wieder das Nutzungsrecht, erhielt es aber nach Beilegung zurück und hat es bis heute im Besitz. Inzwischen wird das Erdgeschoss als Sakristei des Doms genutzt, das Obergeschoss dient dem Domküster als Wohnung.

Der zwischen Barockbau und Südflügel liegende Bau, im Volksmund auch als „Scheune" bezeichnet, fiel 1929 ebenfalls dem Brand zum Opfer. Später wieder aufgebaut dient der Bau heute der portugiesischen und der italienischen Gemeinde.

## Limburg unter der Herrschaft der Isenburger (1219–1406)

Ab Anfang des 13. Jahrhunderts stand Limburg unter der Herrschaft der Isenburger, die die Pfalzgrafenfamilien Peilstein und Leiningen beerbt hatten. 1219 ist Heinrich von Isenburg (1179–1220) als Inhaber der Herrschaft Limburg genannt, die er zu je einem Drittel vom Reich, dem Erzbistum Mainz und der Landgrafschaft Hessen erhalten hatte. Limburg nahm unter den Isenburgern einen deutlichen Aufschwung. Dies vermerkte auch der Schreiber der Limburger Chronik: *In dieser Zeit stand Limburg die Stadt und Bürgerschaft in gar großen Ehren und glückseligkeit von Leuten und Reichtum,* heißt es da. Verfasser dieses Meisterwerkes mittelalterlicher Geschichtsdarstellung war der Stadtschreiber Tilemann Elhen von Wolfha-

gen, seines Zeichens Kanoniker und kaiserlicher Notar. Er beschrieb im letzten Drittel des 14. Jahrhunderts die Ereignisse seiner Zeit, geschahen sie nun vor Ort oder weit entfernt. Dabei gibt er Aufschluss über den Alltag seiner Zeit, etwa im Hinblick auf Kleidung oder Lebensgefühl. Besonders deutlich wird dies an der Schilderung der Pest und der Zeit danach: *Danach über ein Jahr, als das Sterben ... ein Ende hatte, da hub die Welt wieder an, zu leben und fröhlich zu sein. Und die Männer machten eine neue Kleidung: Die Röcke waren unten ohne Geren, sie waren auch nicht abgeschnitten um die Lenden und waren so eng, dass ein Mann nicht darin schreiten konnte; sie reichten nahezu eine Handspanne über die Knie. Darauf machten sie die Röcke so kurz, eine Spanne über den*

*Gürtel. Auch trugen sie Mäntel, die ringsherum rund und aus einem Stück waren; die nannte man Glocken; die waren weit und lang und auch kurz. Damals fingen auch die langen Schnäbel an den Schuhen an, und die Frauen trugen weite Hauptfenster, so dass man ihre Brüste beinahe halb sah* (Kapitel 27).

Limburg erlebte unter der Herrschaft der Isenburger eine fast zwei Jahrhunderte während Blütezeit. Günstig für die Stadt war ihre Lage an der Handelsstraße Köln-Frankfurt. Diese sogenannte „Hohe Straße" verlief in etwa auf der Trasse der heutigen Autobahn A 3. Dabei führte der Weg durch Limburg.

## Der Fischmarkt

Der **Fischmarkt** zählt zu den besonders eindrucksvollen, vom Fachwerk dominierten Bereichen der Limburger Altstadt. Viele Forscher sehen hier den ältesten Teil der Stadt. 1317 erscheint die Bezeichnung erstmals urkundlich und wurde bis auf den heutigen Tag beibehalten. Wie der Name sagt, wurde hier im Mittelalter Fisch verkauft, neben einheimischen Arten auch Seefisch, der vermutlich von Köln aus in die Stadt geliefert wurde. Angesichts zahlreicher Fastenzeiten war der Fisch ein wichtiges Nahrungsmittel. Verkauft wurde an Ständen vor den Häusern.

Heute zieht sich der Fischmarkt bis zu der Einmündung der Salzgasse. Im Mittelalter wird der Bereich kleiner gewesen sein, denn das (alte) Rathaus (s.u.) wird nicht als am Fischmarkt gelegen bezeichnet.

Am südlichen Ende des Fischmarktes steht **Haus Nr. 1–2.** Es handelt sich um einen Massivbau mit hohem Staffelgiebel, der in der ersten Hälfte des 14. Jahrhunderts entstand. Es zählt zu den wenigen fast unveränderten spätmittelalterlichen Massivbauten in der Stadt und hat von daher eine besondere Bedeutung für die Limburger Baugeschichte. Das benachbarte **Haus Nr. 3–4** stammt wohl aus dem 14. Jahrhundert, ist jedoch erst ab 1654 schriftliche fassbar, da es zuvor abgabenfrei war. Das Gebäude ist in den beiden unteren Geschossen in massiver Bauweise ausgeführt, darüber deutlich vorkragend ein Fachwerkaufbau.

Die Häuser **Nr. 6** und **Nr. 7** wurden als „Der neue Rebstock" und „**Der (alte) Rebstock**" bezeichnet. Letzteres zählt zu den besonders früh urkundlich erwähnten Limburger Häusern. 1323 erwarb ein Limburger Patrizier, Otto Mulich, das Anwesen von einem Wetzlarer Bürger. In den folgenden Jahrhunderten wechselte das Haus häufig den Eigentümer. 1660 erwarb das Haus der Schutzjude Jacob Löw von Hadamar,

Seite 17:
Der weithin sichtbare
Limburger Dom
befindet sich an der
höchsten Stelle der
Altstadt. Das 1235
geweihte Gotteshaus
ist seit 1827 Sitz eines
Bischofs und gehört
zu den schönsten
Kirchen Deutschlands.

der eine Hälfte an Bürgermeister Jacob Schupp abtrat, die andere Hälfte als Wohnhaus behielt und hier einen Gebetsraum für die Limburger Juden einrichtete. Dieses Haus ist also als eine früh fassbare Synagoge anzusehen.

Auch der „**Neue Rebstock**" (Nr. 6) hat in der Stadtgeschichte große Bedeutung. Das heutige Haus dürfte im 17. Jahrhundert entstanden sein. Hier richtete nach 1727 Bürgermeister und Apotheker Johann Jodocus Horst die dritte Limburger Apotheke ein. Von 1886 bis in die 1950er Jahre gehörte das Haus der Bäckerfamilie Heun, die hier ein

Café betrieb. Auch heute ist es ein Wohn- und Geschäftshaus.

Unter dem Pflaster auf dem freien Platz vor Haus **Nr. 8** befinden sich Kellerräume. Damit hat es eine besondere Bewandtnis: 1599 kam der Trierer Erzbischof Lothar von Metternich nach Limburg, um sich huldigen zu lassen. Bei der Auffahrt zum Stift stieß seine Kutsche gegen den Eckpfosten des hier stehenden Hauses, so dass der hohe Herr gezwungen war, den restlichen Weg zu Fuß zurückzulegen. Dem Hausbesitzer, Schöffe Jacob Löb, war dies so peinlich, dass er 1602 das Haus tes-

Der Fischmarkt, einer
der ältesten Teile
Limburgs, wird geprägt
von stolzen Fachwerk-
häusern mit hoch
aufragenden Giebeln.

tamentarisch der Stadt übertrug, damit es abgerissen werde.

Die Häuser am Fischmarkt werden fast alle erstmals im Mittelalter erwähnt, und einige trugen besondere Namen. Fischmarkt 8 besteht seit 1342. Es handelt sich um ein unterkellertes Fachwerkhaus mit Hallengeschoss und vorkragendem Obergeschoss. Nach dem Abriss des Nachbarhauses (s. o.) erhielt es 1613 eine repräsentative Giebelfassade. Das Haus Fischmarkt 9 ist an Nr. 8 angebaut. Es wurde 1541 an der Stelle eines älteren, 1351 erstmals erwähnten Vorgängerbaus errichtet. 1975 bis 1978 wurde es saniert und 1986 zur statischen Sicherung mit dem Nachbarhaus verbunden.

Jenseits des schmalen Durchgangs befindet sich das Haus Nr. 10, zusammen mit Nr. 11 als „Zur Rose" bezeichnet. Nr. 10 wurde erstmals 1351 erwähnt. Der Hauptbau wurde 1650 errichtet. Dieses Haus hat einen Schweifgiebel. Nr. 11 ist schmaler, aber hat einen höheren Giebel, der teilweise auf dem Nachbarhaus Nr. 12 aufliegt. Errichtet wurde das Haus von 1419 bis 1423. Haus Nr. 12, genannt „Auersches Haus" oder „Nassauer Haus" unterscheidet sich durch eine verputzte Fassade von seinen Nachbarn. Erbaut wurde dieses Haus in der ersten Hälfte des 14. Jahrhunderts und 1364 erstmals urkundlich erwähnt. Das gesamte Erdgeschoss besteht aus einer etwa vier Meter hohen Halle. Über Jahrhunderte hinweg im Besitz führender Familien der Stadt vermittelt der Bau heute durch die Halle sowie weitere ältere Bau- und Ausstattungsdetails einen guten Eindruck von der Wohnsituation des gehobenen Bürgertums im Mittelalter.

Die Fassade von Haus Nr. 14, genannt „Der Blafelt", ziert seit kurzer Zeit wieder ein Fisch. Das Haus steht an der Einmündung der Domstraße auf den Fischmarkt. Das schmucklose Fachwerk zeigt den Zustand des 17. Jahrhunderts. Auch dieses Haus hat eine Halle. Erstmals erwähnt wurde ein Vorgängerbau 1405. 1496 wird erstmals das Haus Fischmarkt 16–17 er-

wähnt. Es ist heute eines der bedeutendsten Gebäude des Spätmittelalters und als solches von hohem baugeschichtlichen Wert. Anfang des 20. Jahrhunderts war hier eine Konditorei. Auch heute wird das historische Gemäuer zu Geschäftszwecken genutzt. Ein für die Geschichte der Stadt Limburg besonderes Haus ist Fischmarkt 21. Der Keller dieses Hauses dürfte noch aus der Zeit vor dem großen Stadtbrand 1289, die Anfänge des heutigen Gebäudes aus der Zeit bald nach 1300 stammen. 1399 erwarb die Stadt das Anwesen. Erstmals als Rathaus erwähnt wird es 1502. Zuvor lag das Rathaus am Kornmarkt bzw. der Salzgasse. Bis 1899 diente das Haus der Stadt als Verwaltungsgebäude. Es war zu diesem Zeitpunkt schon lange nicht mehr ausreichend. 1864 zog die Verwaltung vorübergehend um in die Zuckerfabrik am Neumarkt. Als dort aber das Kreisgericht seinen Sitz nahm und sich zudem kein Käufer für das alte Rathaus fand, gingen die städtischen Bediensteten wieder zurück ins alte Gebäude. In den 1890er Jahren wurde die Raumknappheit zu einem drängenden Problem, so dass ein Neubau außerhalb der Altstadt in Angriff genommen wurde. Das Alte Rathaus blieb weiter im Besitz der Stadt, bis es 1975 an einen Gastronomen verkauft wurde. Für drei Jahre bestand die Gaststätte „Zum Ratskeller", ehe sich 1978 der Magistrat zum Rückkauf des Gebäudes entschloss. Heute dient es als Standesamt und zusammen mit dem Nachbarhaus Nr. 22 als Städtische Galerie, wo Jahr für Jahr zahlreiche Wechselausstellungen präsentiert werden.

Trotz seiner verkehrsgünstigen Lage wurde Limburg nie ein Zentrum des Fernhandels. Die Stadt profitierte allerdings vom Durchgangsverkehr, nicht nur auf der Strecke Köln-Frankfurt, sondern auch auf der Verbindung Koblenz-Wetzlar. Die Limburger Kaufleute machten vor allem in Frankfurt gute Geschäfte. Nicht umsonst trägt das ehemalige Handelshaus auf dem Römerberg den Namen Alt-Limpurg.

## St. Georg, Domplatz und Diözesanmuseum

Im 13. Jahrhundert wurde das bis heute wichtigste Bauwerk der Stadt fertig gestellt, das auch am Anfang des 21. Jahrhunderts das Stadtbild prägt: die Stiftskirche **St. Georg**, seit 1827 als Dom Sitz eines Bischofs. Architektonisch markiert der Bau den Übergang von der Spätromanik zur Gotik. Nicht erst seit er auf der Rückseite des alten 1000-DM-Scheins abgebildet war, gehört der Limburger Dom zu den bekanntesten Bauwerken in Deutschland. Hoch aufragend auf dem Felsen über der Lahn mit seiner markanten Bemalung und den sieben Türmen ist er das Wahrzeichen Limburgs. Geweiht wurde die imposante Kirche 1235 als Stiftskirche St. Georg. Über Jahrhunderte hinweg diente sie den Chorherren des Stiftes als Gotteshaus, bis die Säkularisation dem geistlichen Leben in den Stiftsmauern ein Ende bereitete.

Die Westfassade des Doms. An diesen Türmen lässt sich sehr schön der Übergang der Spätromanik zur Frühgotik erkennen.

Seit 1827 ist die Kirche ein Dom und Sitz des Bischofs von Limburg. Anfang der 1860er Jahre wurden die zwei noch fehlenden Südtürme errichtet und zugleich der Putz entfernt. Die steinsichtige Fassade wurde als die korrekte betrachtet. In diesem Zustand blieb der Dom bis zur großen Sanierung ab 1967. Bereits in früheren Jahrhunderten hatte es Veränderungen, An- und Umbauten sowie Renovierungen gegeben. Die jüngste Sanierung dauerte insgesamt mehr als zwanzig Jahre. Die deutlichsten Veränderungen waren dabei das Aufbringen eines neuen Putzes, da das freiliegende Bruchsteinmauerwerk zunehmend Schäden aufwies. Aufgrund alter Befunde wurde die ursprüngliche Farbfassung rekonstruiert (laut Auskunft des damals verantwortlichen Bauleiters fand man die Farbreste hinter einer mächtigen Schicht Taubendreck). Der Innenraum wurde entsprechend der liturgischen Neuerungen des Zweiten Vatikanischen Konzils umgestaltet, der Hauptaltar vorgezogen. Auch wurden die Grabplatten, die den Boden bildeten, entfernt. Einige von ihnen wurden nach vielen Jahren unsachgemäßer Lagerung wieder öffentlich aufgestellt, neben dem Dom entlang der Mauer des Pfarrhauses. Sie sind ein wichtiges Zeugnis für die Stifts- und Stadtgeschichte.

In der Nähe des Doms finden sich weitere markante Bauwerke.

In der Südwestecke des Domplatzes befindet sich die alte **Scholasterei**. Dieses Haus wurde, so ergaben dendrochronologische Untersuchungen, 1296/97 erbaut auf älteren Mauern. Das Haus lag im „Burgfrieden" und gehörte damit zur Burg. Ursprünglich war es ein Burgmannenhof, der von den Herren von Limburg, nach deren Aussterben vom Trierer Kurfürsten, als Lehen vergeben wurde. 1429 erhielt die Scholasterei des Stiftes St. Georg das Anwesen, das nun für fast 400 Jahre lang Wohnung des jeweiligen Scholasters war.

Mitte der 1970er Jahren wurde das Haus, zu diesem Zeitpunkt eher eine Ruine als ein bewohnbares Anwesen – und doch von nicht weniger als 16 Personen bevölkert –, komplett saniert und zu einem ansehnlichen Stadthaus gestaltet. Freunde der Eigentümer sagten am Tag des Einzuges: „Dieses Haus hat sicher schon viel erlebt, aber so schön wie jetzt war es noch nie."

Besonders eindrucksvoll wirkt das **Haus „Staffel"** (Domplatz 7) an der Ecke Domplatz/Domstraße. Errichtet 1515 wurde 1522 der achteckige Treppenturm angefügt. Der Vorgängerbau an dieser Stelle ist bereits seit 1287 nachweisbar. 1428 gelangte das Anwesen an die Familie von Staffel, nach der es benannt ist. Seit 1903 ist das Haus Eigentum des Bistums Limburg.

Samson reißt einen Baum aus. Fresko um 1230. Eine in der Bibel nicht vorkommende Szene.

1977 wurde es saniert und so zu einem besonderen Blickfang in der Nachbarschaft des Doms. Im Garten des Anwesens wurden 2009 bei Ausgrabungen Funde aus vorchristlicher Zeit gemacht.

Nordwestlich des Doms befindet sich der **alte Limburger Friedhof**. Er diente als Begräbnisplatz sowohl den Stiftsherren wie auch der Limburger Bevölkerung. Als diese im 19. Jahrhundert mehr und mehr wuchs, wurde er zu klein, so dass am Schafsberg ein neuer Friedhof angelegt und 1882 eingeweiht wurde. Der alte Friedhof am Dom enthält noch eine Reihe **Grabsteine** wich-

Der Domfriedhof ist ein Platz der Ruhe und Besinnung inmitten der Altstadt.

Die Michaelskapelle
zwischen Friedhof und
Dom, das ehemalige
Beinhaus, inzwischen
umfassend saniert.

tiger Familien der Stadtgeschichte, z.B. der Postverwalterfamilie Oberst, des Stadtschultheißen Busch, der adligen Familie Schütz von Holzhausen und der Kaufmannsfamilie Cahensly. Der Friedhof ist heute eine öffentlich zugängliche Grünanlage im Herzen der Altstadt.

Zwischen Friedhof und Dom steht die ehemalige **Karnerkapelle St. Michael**, die um 1250 errichtet wurde. 1359 wird sie als Beinhaus erwähnt. Mit

Das Diözesanmuseum, ein ehemaliger Burgmannenhof, beherbergt heute den Domschatz und viele weitere Glanzstücke sakraler Kunst.

dem Stift wurde auch die Kapelle säkularisiert und kam 1835 in den Besitz der Stadt. Nach einem Brand 1853 wurde sie wieder hergerichtet, mit einer Wohnung für den Totengräber und einem Leichenzimmer. Inzwischen ist die Kapelle Eigentum des Bistums. 2003/2004 wurde sie saniert, dabei das Untergeschoss freigelegt.

Ein imposantes Beispiel für einen Burgmannensitz ist das Gebäude des heutigen **Diözesanmuseums** unterhalb des Hauses Staffel. Urkundlich erwähnt wird das Anwesen erstmals 1370. Der Hauptbau mit seinem massiven Sockelgeschoss wurde 1544 errichtet, das darüberliegende Fachwerkgeschoss und das Dach stammen aus dem 18. Jahrhundert. Im 19. Jahrhundert war der Bau im Besitz des Bürgermeister bzw. Schultheißen Nikolaus Menges und dessen Schwiegersohnes

und Nachfolgers Christian Hartstein. 1869 kaufte das Bistum Limburg den Bau und richtete Domherrenwohnungen ein. 1985 erfolgte eine umfassende Sanierung. Seitdem befindet sich hier das Diözesanmuseum, das durch besondere sakrale Kunstwerke des Mittelalters und der frühen Neuzeit die Besucher anlockt. Insbesondere der Domschatz ist ein Publikumsmagnet, dessen Glanzstück die **Staurothek** ist, eine reich mit Edelsteinen verzierte Lade, die Partikel vom Kreuz Christi erhält.

## Werner-Senger-Haus

Ungefähr ebenso alt wie der Dom ist das **Werner-Senger-Haus** in der Rütsche 5. Die Ursprünge reichen zurück bis in die Zeit vor dem großen Stadtbrand 1289. Unter allen Häusern der Altstadt ist es nach bisherigem Forschungsstand das älteste. Erbaut vermutlich um 1250 ist es für 1274 erstmals nachgewiesen. Es befindet sich in einem Bereich der Altstadt, der zum bevorzugten Wohnplatz reicher Kaufleute gehörte. Allerdings ist der Name „Werner-Senger-Haus" irreführend. Werner Senger war ein reicher Kaufmann, der 1324 erstmals schriftlich nachweisbar ist. Er war Schöffe, also ein Mitglied der höchsten Führungskreise der Stadt. Er lebte lange: Seine letzte Urkunde stellte er im September 1369 aus. Kurz darauf starb er. Mit seinem Tod machte er sich in Limburg unsterblich: Da seine Frau und sein Sohn ihm bereits im Sterben vorausgegangen waren und er keine weiteren Nachkommen hatte, verfügte er, dass sein Besitz dem Hospital übereignet werden solle. Das Hospital war kein Krankenhaus im heutigen Sinne, sondern diente der Aufnahme und Pflege alter und armer Menschen, aber auch der Versorgung durchreisender Pilger. Werner Sengers Vermächtnis war die größte Stiftung, die die Stadt Limburg je erhalten hatte. Er legte fest, dass seitens der Stadt zwei Personen

Das Werner-Senger-Haus, wenn auch nicht das Wohnhaus des großzügigen Spenders, so doch ein Ort mit langer stadthistorischer Tradition.

bestimmt werden, die die Verwaltung übernehmen. Als Entschädigung dachte er ihnen jährlich „ein Viertel" des besten Weines zu, den es in Limburg zu kaufen gab.

Die Stiftung Werner Sengers existiert bis heute noch und spendet Segen in Limburg. Es ist anzunehmen, dass Werner Senger im Bereich der Rütsche wohnte, allerdings ist es nicht sehr wahrscheinlich, dass das nach ihm benannte Haus sein Wohnsitz war.

Das historisch bedeutsamste Ereignis spielte sich im „Werner-Senger-Haus" 1802 ab: Der berüchtigte Schinderhannes war unweit von Limburg gefangen worden. Er wurde nach Limburg zum Haus Rütsche 5 geschafft. Dort befand sich in dieser Zeit ein Anwerbelokal, wo junge Männer sich für die Armee rekrutieren ließen. Von hier wurde Schinderhannes, keineswegs der „edle Räuber", zu dem er verklärt wurde, nach Mainz geschafft, wo ihm schließlich der Prozess gemacht wurde und er sich auf dem Schafott wiederfand.

Die Fassade besticht durch ihre Bemalung, die eine doppelte Illusion zeigt: Aufgemaltes Fachwerk, das aussieht, als sei es auf eine Steinfassade aufgebracht worden. Tatsächlich ist es aber Fachwerk. Das „Werner-Senger-Haus" ist einer der Besuchermagneten der Limburger Altstadt.

## ◾ Haus Römer 2–4–6

Trotz der guten wirtschaftlichen Entwicklung der Stadt gab es Auseinandersetzungen zwischen der Gemeinde und dem Stadtherrn. Gerlach von Isenburg versuchte die Rechte der Stadt zu

Römer 2-4-6, eines der schönsten gotischen Wohngebäude Deutschlands, wurde kurz nach 1289 errichtet.

beschneiden, doch gelang es den Bürgern, 1277 und 1279 ihre Rechte festzuschreiben. Aus dieser Zeit stammt die älteste Urkunde des Stadtarchivs Limburg. Sie wurde 1278 durch Graf Gerhard III. von Diez ausgestellt. Die Bürger hatten sich bei dem Limburger Juden Abraham Geld geliehen, um gegen den Isenburger vorgehen zu können. Als nun die Streitigkeiten beigelegt wurden, verzichtete der Kreditgeber auf die Rückzahlung.

Im Mai 1289 wurde Limburg von einer schweren Katastrophe getroffen: Ein großer Brand zerstörte fast die gesamte Stadt. Nur der Burgberg blieb verschont. Unter Johann I. von Isenburg (der „blinde Herr") wurde der Wiederaufbau in Angriff genommen, der zügig voranging. Johann selbst stiftete das Heilig-Geist-Hospital mit Haus, Kirche und Friedhof in der Brückenvorstadt.

In dieser Zeit entstand auch das **Haus Römer 2–4–6.** Unmittelbar nach dem großen Stadtbrand von 1289 errichtet gehört das Haus heute zu den schönsten gotischen Wohngebäuden in Deutschland. Die Besitzverhältnisse in ältester Zeit sind ungeklärt, doch lässt eine zum Haus gehörende **Mikwe** auf einen jüdischen Besitzer schließen. Nach der Vertreibung Limburger Juden 1349 gehörte der Römer wohl reichen Patrizierfamilien. Es sind aufwändige Renovierungen im Laufe der Jahrhunderte erkennbar. 1660 wurde das Haus in zwei und etwa 1730 in drei Wohneinheiten aufgeteilt.

Bauhistorisch gesehen ist Römer 2–4–6 aufgrund der stattlichen Ständerbauweise von besonderer Bedeutung, da daran die Möglichkeiten der Bautechnik des 13. Jahrhunderts abzulesen sind.

Das Haus erlebte auch ein Auf und Ab seiner Bewohner. Ursprünglich im Besitz wohlhabender Kreise, war es im 18. und 19. Jahrhundert das Domizil eher unterster sozialer Schichten. Heute beherbergt das Haus u. a. eine Niederlassung des Institutes für Bauforschung.

## Kapelle in der Erbach

Die positive Entwicklung Limburgs setzte sich unter Johanns Nachfolger Gerlach II. fort. Chronist Tilemann schrieb: *In dieser Zeit stand Limburg die Stadt und die Bürgerschaft in gar großen Ehren und Glückseligkeit von Leuten und Reichtum, da alle Gassen und Alen voll von Leuten und Gut waren.*

Die Textilherstellung und -verarbeitung war dabei der wichtigste Wirtschaftszweig. In der Stadt gab es diverse Märkte, die zum Teil heute noch in den Straßennamen zu finden sind. Im 14. Jahrhundert entstanden zahlreiche Bauten, die bis heute das Gesicht der Altstadt prägen.

Dazu gehört zweifelsfrei die **Kapelle in der Erbach.** Diese wurde 1322 bis 1324 erbaut als Teil der Niederlassung des Zisterzienserklosters Eberbach. Gemäß

*Die Kapelle in der Erbach, das Gotteshaus mit der wechselvollsten Geschichte in der Limburger Altstadt*

Die Westseite der
Plötze wird von einem
eindrucksvollen
Fachwerkensemble
dominiert.

dem Ideal des Ordens war sie sehr einfach gehalten. Seit 1783 ist als Patron Johannes der Täufer nachgewiesen. Dieses kleine Gotteshaus dürfte von allen Kirchen in der Limburger Innenstadt die wechselvollste Geschichte hinter sich haben. Nach der Säkularisation Anfang des 19. Jahrhunderts diente sie als Salzmagazin und Getreidespeicher, 1822 dann als Lagerraum für Selterswasser. Erst ab 1831 folgte wieder eine sakrale Nutzung, als Herzog Wilhelm von Nassau das Kirchlein der wachsenden evangelischen Gemeinde als Gotteshaus schenkte. Schnell wurde es aber zu klein, so dass ab 1867 in der Nähe des Bahnhofs eine neue evangelische Kirche errichtet wurde (s. u.). Die Kapelle in der Erbach übernahm die jüdische Gemeinde, die damit erstmals ein eigenes Gebäude als Synagoge nutzte. Doch auch diese Gemeinde wuchs kontinuierlich, so dass am Ende des 19. Jahrhunderts die Kapelle nicht mehr ausreichte. 1902/03 wurde an der Schiede eine neue Syna-

goge errichtet, die 1938 dem Terror der Nazis zum Opfer fiel. Die Kapelle in der Erbach wurde ab 1903 vom benachbarten Landratsamt als Aktengelass genutzt. Erst ab 1948 ist sie wieder ein Gotteshaus und dient seitdem der Evangelisch-Lutherischen Gemeinde. 1958 wurde die Kapelle saniert, dabei die ursprüngliche Farbfassung des Innenraums rekonstruiert.

## ◼ Plötze und Kornmarkt

1339 wird erstmals die Plötze als „Pleitzschen" erwähnt, ein freier Platz, auf den die Rosengasse, die Salzgasse, die Böhmergasse und die Fleischgasse münden und der an der Westseite von der Grabenstraße begrenzt wird. Dominiert wird der Platz durch den Hattstein-Brunnen. Hier wird an den Ritter Friedrich von Hattstein erinnert, dessen gewaltige Körperkräfte legendär waren. Chronist Tilemann Elhen von Wolfhagen schildert ihn: *Auch war*

Die Schnitzerei an den Bügen des „Weinhauses Schultes" zeigen die Jonas-Legende des Alten Testamentes. Der Schnitzer wusste allerdings nicht, wie ein Wal aussah ...

Der imposante Brunnen auf der Plötze erinnert an die gewaltigen Körperkräfte des Ritters Hattstein.

dieser Friedrich *groß und stark, dass er ein Ohm Weines aufhob und aus dem Spundloch trank.* Der Ritter hatte in den Diensten der Stadt Limburg gestanden als Hauptmann. Letztlich nutzte ihm seine Kraft nicht viel: Am Pfingstmontag 1363 lag er erschlagen am Fuß des Lahnfelsens. Die Erinnerung an den starken Ritter wurde 1985 neu belebt, als der Öffentlichkeit der Brunnen vorgestellt wurde. Er zeigt ihn auf einem Hund stehend, ein Weinfass über den Kopf haltend, aus dem ihm die Flüssigkeit in den Mund läuft. Die in rotem Sandstein gefertigte Figur trägt am Gürtel Handschellen, ein Schwert als Zeichen der Amtsgewalt hängt hinter ihm. Aus der Hosentasche schaut ein „Langfinger" heraus, dessen Dingfestmachung zu seinen Aufgaben

zählte. Der Bildhauer *Karl Matthäus Winter* hat in diesem Brunnen sowohl die historischen Tatsachen wie auch Legenden verarbeitet, machte dazu auch zeitgeschichtliche Anspielungen. Dort, wo sich heute der Brunnen befindet, standen bis in die 1940er Jahre noch Häuser, die dann auf Abbruch verkauft und bald darauf niedergelegt wurden.

Das wenige Meter neben dem Brunnen an der Ecke zur Böhmergasse stehende „**Weinhaus Schultes**" wurde 1567 errichtet. Es ist bis auf das Giebeldreieck verputzt. Besonders ins Auge fällt der zweigeschossige Erker. Auf zwei der hohen Bügen ist dabei die Jonas-Geschichte des alten Testamentes wiedergegeben: Der Prophet, wie er vom Wal verschlungen wird und wie dieser ihn wieder ausspeit. Der Meeressäuger sah in der Vorstellung des Schnitzers wie ein Drache aus, denn offenbar hatte er noch nie ein solches Tier gesehen.

Plötze 16, „**Das Siegeshaus**" wird ebenfalls durch einen doppelstöckigen Erker geziert. Die um 1570/1580 entstandene Fassade zeigt reiche Maßwerkmotive. Die Bügen tragen Wappen

Die Fassade des „Siegeshauses" wurde 1570/1580 errichtet und 2009 saniert.

Der zweigeschossige Erker am „Weinhaus Schultes" wurde im letzten Drittel des 16. Jahrhunderts angebaut.

Der Kornmarkt wird geprägt durch die hoch aufragenden Fassaden auf drei Seiten. Im Sommer ist er ein beliebter Treffpunkt in der Altstadt.
Die Häuser an der Nordseite des Kornmarktes, bereits im 14. Jahrhundert erwähnt, haben in den oberen Stockwerken ihren ursprünglichen Baucharakter behalten.

Das Haus „Zum goldenen Hirsch" wurde 1527 erbaut.

und die Inschrift *DIS HAUS STEHT IN GOTS HAND DAS SIGES HAUS IST ES GENANT*. Der Name kommt von den Eigentümern, einer Familie von Siegen, die es etwa um 1452 erwarb. Zu den späteren Eigentümern zählte um 1790 auch der städtische Scharfrichter.

Weitere großzügig angelegte Plätze prägen zusammen mit den eindrucksvollen Fachwerkbauten das Bild der Limburger Altstadt. Der größte ist der **Kornmarkt**, der 1339 erstmals urkundlich erwähnt wurde. Wurden zunächst nur Getreide und Brot gehandelt, wurde später hier der allgemeine Wochenmarkt abgehalten. Dies blieb so bis 1913, ehe eine Verlegung zum nahen Neumarkt vorgenommen wurde. Dominierende Bauten sind die **Häuser Nr. 1** und das gegenüberliegende Haus Nr. 9. Das an der Südwestseite gelegene Haus Nr. 1 hat eine Putzfassade aus dem späten 18. Jahrhundert. Es wurden so zwei ursprünglich getrennte Bauten vereinigt. Die Fassade wurde im Stil des Übergangs vom Spätbarock zum Frühklassizismus ausgeführt. Anfang des 20. Jahrhunderts befand sich in diesem Bau eines der ersten Kaufhäuser der Stadt, betrieben von

Die Straßen der
Limburger Altstadt, hier
die Nordost-Ecke des
Kornmarktes, laden zum
Bummeln und
Verweilen ein.

Das künstlerische
Schaffen des 2008
verstorbenen
Bäckermeisters Friedel
Hensler hat an der
Fassade seines Hauses
deutliche Spuren
hinterlassen.

Das Haus Barfüßer-
gasse 1–3 fällt durch
reiche Schnitzereien
auf, hebt sich aber
stilistisch deutlich von
den übrigen
Fachwerkbauten
der Altstadt ab.

Familie Lenhard. Insofern ist das Gebäude ein wichtiges Zeugnis Limburger Wirtschaftsgeschichte.

Das gegenüberliegende Bankhaus **Kornmarkt 9** umfasst drei ehemals selbständige Häuser. Die Ursprünge dieser Bebauung reichen bis ins frühe 14. Jahrhundert zurück. Aufgrund von Umbauten wurde aber die alte Bausubstanz im 20. Jahrhundert zerstört. Dass damit eines der schönsten Häuser der Limburger Altstadt verschwand, wird von vielen Bürgern noch heute kritisiert.

Die Häuser an der Nordseite wurden bereits im 14. Jahrhundert schriftlich erwähnt. Sie werden heute ausnahmslos als Geschäftshäuser genutzt, doch vermitteln die Fassaden der Obergeschosse noch einen guten Eindruck alter Bausubstanz. In der Südwestecke, wo der Kornmarkt auf die Kolpingstraße stößt, befindet sich eine Bäckerei, an deren Südwand Figuren angebracht sind, die von der künstlerischen Tätigkeit des 2008 verstorbenen Bäckermeisters Friedel Hensler zeugen. Diese Bäckerei besteht seit mehr als 300 Jahren und ist bei Einheimischen wie Touristen gleichermaßen beliebt.

Auf der anderen Straßenseite befindet sich das **Haus Barfüßergasse 1–3,** das durch seine reichen Schnitzereien ins Auge fällt. Drei Häuser wurden hier zu einem vereinigt. In Haus Nr. 3 befand sich einstmals ab 1615 die erste Apotheke Limburgs. Der heutige Bau entstand erst Anfang des 20. Jahrhunderts, wurde im Stil des Historismus erbaut und fügt sich so, wenn auch das Fachwerk keine stilistische Entsprechung in Limburg hat, gut in die Altstadt ein.

# Limburg in Kurtrier (1406–1802/03)

**M**it dem Tod des letzten Stadtherrn aus der Dynastie der Isenburger, Johann II., fiel die Stadt 1406 an Kurtrier. Bereits seit 1344 waren die halbe Herrschaft, Burg und Stadt an den neuen Herrn verpfändet gewesen. Der Trierer Erzbischof Otto von Ziegenhain (1419–1430) hatte aufgrund seiner Verwicklung in die Hussitenkriege einen großen Finanzbedarf und verpfändete seinerseits die Hälfte Limburgs an Junker Frank von Cronberg. Die Bürger konnten sich aber mit diesem Mitherrscher nicht anfreunden, so dass es zu Unruhen kam. 1435 trat der Cronberger daher die Pfandschaft an den Landgrafen Ludwig I. von Hessen ab. In der Folgezeit kommt es zu einer weiteren Aufsplitterung der Herrschaft durch mehrere Verpfändungen. Ab 1482 waren es dann wieder nur Kurtrier und die Landgrafschaft Hessen, die sich die Limburger Herrschaft teilten. 140 Jahre lang sollte dieser Zustand anhalten, ehe 1624 Erzbischof Philipp Christoph von Soetern die hessische Hälfte wieder einlöste und Limburg so nach fast 300 Jahren geteilter Regierung nur noch einen Herrn hatte.

Mit dieser Zeit der politisch-finanziellen Umwälzungen war auch ein Abstieg der Stadt verbunden. Eine Patrizierschicht hatte sich in Limburg etabliert, aus der sich Ratsmitglieder, Schöffen und Bürgermeister rekrutierten. Dagegen hatte sich die Situation der Handwerker und kleinen Händler verschlechtert. Zwischen ihnen und

*Die Häuser an der Westseite des Bischofsplatzes wurden in verschiedenen Epochen als Fachwerkbauten errichtet.*

dem Rat entwickelten sich Spannungen, doch es bedurfte eines Anstoßes von außen, ehe sie sich entluden: 1525 zitierte der Kurfürst zwei Ratsmitglieder und zwei Vertreter der Bürgerschaft nach Ehrenbreitstein, wo sein Kanzler ihnen vorhielt, in der Stadt gebe es einen lutherischen Prediger. Die Limburger sollten darauf achten, sich die Gnade des Kurfürsten zu erhalten. Dies führte unter der Bürgerschaft zu heftiger Erregung und schließlich zu 30 Artikeln, die dem Rat vorgelegt wurden. Die Beschwerden bezogen sich dabei auf die Rechnungsführung des Rates, auf die doppelte Besteuerung des Weins und weitere Punkte. Der Rat nahm die Artikel an, vorbehaltlich der Zustimmung des Kurfürsten. Der wies die Forderungen der Bürger zurück und bestimmte, dass der Rat künftig nur noch dem Stadtherrn gegenüber Rechenschaft ablegen müsse. Die Masse der Bürger war damit nun für Jahrhunderte von jeglicher Mitregierung der Stadt ausgeschlossen.

## ■ Das Franziskanerkloster und das Wilhelmitenkloster

Das 16. Jahrhundert brachte zwei bedeutsamen geistlichen Institutionen in Limburg ihr Ende. In einem Fall wurde das Ordensleben jedoch nach wenigen Jahren wieder belebt: **das Franziskanerkloster**. Die Franziskaner waren seit ca. 1232 in Limburg ansässig und hatten bereits um 1252 eine eigene Kirche auf dem Rossmarkt. Sie wurde zu Anfang des 14. Jahrhunderts durch den heutigen Bau, die sogenannte Stadtkirche, ersetzt. Das Kloster nahm einen Aufschwung, vor allem durch Schenkungen und Legate, was aber zugleich eine Abkehr von der vorgesehenen Lebensweise mit sich brachte. 1469 erfolgte eine Änderung der Verfassung des Franziskanerklosters, auf den angesammelten Besitz wurde verzichtet und eine strenge Observanz eingeführt. Im Zuge der Reformation wurde das Limburger

Links:
Die Anna- oder
Hospitalkirche wurde
im 17. Jahrhundert zur
heutigen Form
umgebaut.

Rechts:
Der eher schlicht
gehaltene Kirchenraum
erhält seine besondere
Prägung durch die drei
Fenster an der Ostseite.

Kloster 1577 geschlossen, aber schon sechs Jahre später wieder eröffnet. In der Folgezeit stieg die Bedeutung, und das Provinzialat der 1635 gegründeten Thüringischen Ordensprovinz hatte seinen Sitz in der Stadt. Nach der Aufhebung des Klosters 1813 wurden die Klostergebäude zunächst vom Staat übernommen und 1827 dem neu gegründeten Bistum Limburg übergeben. Seitdem befinden sich hier wichtige Dienststellen des bischöflichen Ordinariats, und auch der Oberhirte hatte lange Zeit hier seinen Wohnsitz. Bis 1930 wurde der neu geweihte Bischof von hier aus in einer feierlichen Prozession durch die Stadt zum Dom geleitet, wo er in sein Amt eingesetzt wurde.

Das andere Kloster, dessen Geschichte im 16. Jahrhundert endete – und dies unwiderruflich – war das **Wilhelmitenkloster** vor der Diezer Pforte. Ursprünglich befand sich das Kloster auf der Lahninsel, wurde aber nach kurzer Zeit Anfang des 14. Jahrhunderts aufgrund der häufigen Überschwemmungen aufgegeben. Es entstand vor der Stadtmauer ein neuer Klosterkomplex, von dem heute noch die Annakirche und das Brüderhaus zeugen. Trotz der Betreuung von Wallfahrern und der Entstehung von Bruderschaften erlebte das Kloster einen Niedergang, der teilweise auch aus den ordensinternen Problemen – vor allem finanzieller Natur – herrührte. Der Konvent umfasste Anfang des 16. Jahrhunderts nur noch vier Mitglieder. 1568 starb schließlich der letzte Limburger Wilhelmit. Das Kloster hatte damit sein Ende gefunden. Der Erzbischof von Trier übernahm die Gebäude. Auf Bitten des Stadtrates überließ er sie aber dem Hospital, das seit dem frühen 14. Jahrhundert bestand. So wird die Kirche bis heute auch **Hospitalkirche** genannt. Seit dem 18. Jahrhundert wurden die mittelalterlichen Gebäude ersetzt. Die Kirche, die nach dem Umzug der Wilhelmiten erbaut wurde, wurde 1650 bis 1652 verändert, so dass ein schlichter Saalraum mit barockem Haubendachreiter entstand. Auch wurden die Fenster neu gestaltet. Im Zweiten Weltkrieg wurde der Chorbereich stark beschädigt. Bis 1952 wurde die Kirche wieder hergestellt. 1998 bis 1999 und 2003 bis 2005 folgten weitere Sanierungen.

## ■ Der Walderdorffer Hof

Im Jahr 1435 wird eines der eindrucksvollsten Bauensembles in der Limburger Altstadt erstmals erwähnt: Der **Walderdorffer Hof** in der Fahrgasse 5. Es ist dies der bedeutendste Adelshof in Limburg, dessen markanter Turm zu den prägenden Elementen der Altstadtsilhouette zählt. 1540 erwarb die Familie von Walderdorff durch Heirat das Anwesen. 1665 bis 1668 wurde die Anlage um- und neugebaut. Es entstand ein Vierflügelbau mit offenen Arkaden. Ein Wirtschaftsgebäude schloss sich an. Zwei Portale erlauben es, die Höfe zu betreten.

Zu der Zeit, als das Anwesen erweitert wurde, war die Familie endgültig in höchste Adelskreise des Reiches aufgestiegen. Wilderich von Walderdorff (1617–1680) war seit 1647 Generalvikar des Erzbistums Mainz und wurde 1669 Bischof von Wien und damit Reichsfürst. Weitere geistliche Fürsten aus der Familie waren Johann IX. Philipp, von 1756 bis 1768 Erzbischof und Kurfürst von Trier, und sein Bruder Adalbert, von 1757 bis 1759 Fürstabt und Bischof von Fulda.

Herausragend am Walderdorffer Hof ist die Formensprache des Übergangs von Spätrenaissance zum Frühbarock und der Abschluss zu den umgebenden Straßen durch hohe Mauern. Von der Straße aus fallen vor allem die beiden Kastenerker auf, die im Zuge der Sanierung ihre ursprüngliche Farbfassung erhielten. Der östliche Erker zeigt im Brüstungsfeld zwei Putti, zwischen denen das Walderdorffer Wappen zu sehen ist. Dieser Teil trägt die Aufschrift „1681". Der jüngere Erker, mit „1686" bezeichnet, zur Löhrgasse hin gelegen, trägt ebenso das Walderdorffer Wappen.

Im letzten Jahrzehnt des 19. Jahrhunderts war das Anwesen für kurze Zeit Sitz der neu gegründeten Pallottiner-Niederlassung. Nach kurzer Zeit zog die geistliche Gemeinschaft aber in neue Gebäude in der Frankfurter Straße. Auch die Pallottinerinnen bezogen den Walderdorffer Hof, blieben aber ebenfalls nicht lange, da das Gebäude sich aufgrund des schlechten Zustandes als ungeeignet erwies.

1959 wurde das Hauptgebäude, mittlerweile in marodem Zustand, erstmals saniert. 1989 verkaufte die Familie Walderdorff ihr Limburger Anwesen, so dass eine 440–jährige Tradition endete. Der neue Eigentümer sanierte und modernisierte den Komplex umfassend.

## ■ Das Stadtbuch von 1548

Eines der bedeutendsten Rechtsdenkmäler Limburgs entstand 1548, das **Stadtbuch**. Zusammengestellt hatte es der Schreiber Georg Rauscher. Limburg reihte sich ein in die Gruppe der Städte, die ihre rechtlichen Bestimmungen niederschrieben und damit einen wichtigen Schritt hin zu mehr Rechtssicherheit vollzogen. Rauschers Verdienst bestand darin, dass er Quellen und Urkunden nicht nur abschrieb, sondern auch stilistisch bearbeitete. Die Bestimmungen beginnen mit dem Rat und den Bürgermeistern. Die Vertreter der Bürger sollten „Weisheit und Vernunft an sich haben und geneigt sein, den allgemeinen Nutzen zu fördern," heißt es darin. Durch die Darlegung der rechtlichen Bestimmungen gibt Rauscher differenzierte Informationen über die Stadt Limburg in der Frühen Neuzeit, die ohne dieses Werk nicht zur Verfügung stünden.

## ■ Das „Haus der sieben Laster"

Ein heutiger Besuchermagnet entstand in der zweiten Hälfte des 16. Jahrhunderts, das **„Haus der sieben Laster"** in

der **Brückengasse 9**. Das Erdgeschoss ist in Bruchsteinmauerwerk ausgeführt. Der Fachwerkaufbau wurde 1567 errichtet und ein Jahrhundert später teilweise erneuert. Auffällig sind die sieben Maskenkonsolen an der Westseite. Diese Fratzen hat der Limburger Kunstlehrer und Künstler Peter Aßmann als die Personifizierung der biblischen sieben Laster gedeutet: Hochmut, Neid, Unkeuschheit, Unmäßigkeit, Zorn, Trägheit und Geiz.

Aus dem Mund der Eckfratze (Geiz) wächst ein aufwändiges Blattornament, das den Schwellbalken an der Südseite ziert.

Das Haus wird seit einigen Jahren von seiner Besitzerin saniert. Zunächst musste tonnenweise Schutt entfernt werden, ehe an Restaurierungsmaßnahmen gedacht werden konnte. Inzwischen ist im Erdgeschoss ein Antiquitätenladen eingerichtet. Langfristiges Ziel ist es, das ganze

Haus für Besucher zu öffnen. Als Besonderheit lassen sich im Laden Ablassbriefe – passend zu den sieben Lastern – erwerben.

Vom Dreißigjährigen Krieg war Limburg schwer betroffen. Immer wieder zogen Truppen durch, Einquartierungen drückten die Bürger, marodierende Soldaten taten ein Übriges, das Los der Bevölkerung zu verschlechtern. Die Landbevölkerung floh aus den ungeschützten Dörfern, Felder wurden nicht mehr bestellt, so dass es zu Hungersnöten kam. 1631 plünderten schwedische Soldaten die Stadt, 1635 wurde sie erneut erstürmt. 1637 suchte die Pest die Region heim. Auch in den folgenden Jahrzehnten war Limburg aufgrund seiner zentralen Lage immer wieder von Durchmärschen und Einquartierungen betroffen.

In der zweiten Hälfte des 16. Jahrhunderts wurde wieder neu gebaut und beschädigte Gebäude hergerichtet. 1665 bis 1668 erhielt der Walderdorffer Hof seine bis heute die Altstadt prägende Gestalt. Auch wurden ab 1670 zahlreiche Häuserfassaden umgestaltet und erhielten Verzierungen, die den besonderen Reiz der Fachwerkbauten ausmachen.

Die Industrialisierung mit ihren Möglichkeiten einer billigeren und schnelleren Produktion bedeutete für die Limburger Handwerker, die noch ganz dem Zunftgedanken verhaftet waren, einen starken wirtschaftlichen Rückgang. Gerade die Tuchherstellung war ein Bereich, der sehr schwer betroffen war. Insofern hatte die Stadt keine Gelegenheit zur Erholung nach den Jahrzehnten der Durchmärsche und Einquartierungen. Das 18. Jahrhundert endete mit der Französischen Revolution, deren Auswirkungen auch an der Lahn deutlich zu spüren waren. 1792 nahmen französische Truppen die Stadt ein und ließen sich nur durch eine hohe Geldsumme davon abhalten, zu brandschatzen. 1796 wurde die Brückenvorstadt niedergebrannt.

# Limburg im Herzogtum Nassau (1806–1866)

Mit dem Reichsdeputations-hauptschluss 1803 und dem Ende der alten Ordnung begann auch für Limburg eine neue Zeit. Kirchengüter wurden enteignet und weltlichen Herren zugesprochen. Das fast 900 Jahre alte Stift Limburg ging an die Fürsten von Nassau-Usingen. Das ehemals kurtrierische Amt Limburg fiel Nassau-Weilburg zu.

Noch bevor die Verhandlungen in Regensburg 1803 zu Ende gegangen waren, nahm Fürst Friedrich-Wilhelm von Nassau-Weilburg die Stadt in Besitz. Am 18. Dezember 1802 sprach er die Besitzergreifung aus, zehn Tage später wurde sie durch seinen Vertreter Hans Christoph von Gagern im Rathaus am Fischmarkt vollzogen. Die Beamten wurden feierlich aus kurtrierischen Diensten entlassen und leisteten einen Eid auf den neuen Stadtherrn. Im gleichen Monat hatte bereits der Fürst von Nassau-Usingen die Besitzverhältnisse des St. Georg-Stiftes prüfen lassen, bevor er es am 21. Juni 1803 übernahm. Nach fast 900 Jahren hatte das ehrwürdige Stift zu bestehen aufgehört. Die mächtige Stiftskirche wurde weiter geistlich genutzt, als Pfarrkirche. Die Unterhaltung des Gebäudes übernahm der Staat, wie es auch heute noch der Fall ist.

Das Franziskanerkloster blieb noch weitere zehn Jahre bestehen, bevor sein Ende 1813 kam. Da bald darauf auch das von den Brüdern geführte Gymnasium einging, sahen die Stadtoberen schwere Nachteile für Limburg, da nun sowohl die Seelsorge wie auch die Bildungsmöglichkeiten stark beeinträchtigt waren. Der Herzog zeigte sich kompromissbereit in der Kirchenfrage: Die Franziskanerkirche durfte weiter für den Gottesdienst genutzt werden. Das Gymnasium hingegen lief aus, und für die kommenden 25 Jahre war die Stadt ohne weiterführende Schule. Als letzte der alten geistlichen Einrichtungen wird das von Franziskaner-Tertiarinnen bewohnte Kloster Bethlehem 1817 aufgelöst.

Eines der bedeutendsten Ereignisse der Limburger Geschichte vollzog sich am 11. Dezember 1827: Limburg wurde zum Bischofssitz erhoben. Der (evangelische) Herzog von Nassau wünschte für seine katholischen Untertanen ein Landesbistum. Dafür bot sich Limburg an aufgrund der jahrhundertealten Stiftskirche. Erster Bischof wurde Jakob Brand (1776–1833). Auch für die evangelischen Christen Limburgs gab es in dieser Zeit eine positive Entwicklung: 1830 erhielt sie erstmals ein eigenes Gotteshaus, die alte Kapelle in der Erbach.

Zu den markantesten Limburger Persönlichkeiten des 19. Jahrhunderts zählte zweifellos der dritte Bischof, Peter Joseph Blum (1808–1884). 1842 jung ins Amt gekommen, wirkte er 42 Jahre lang. Sein Ziel war es, die Unabhängigkeit der katholischen Kirche gegenüber dem Staat zu wahren und auszubauen sowie die Modifizierung der Simultanschule. Nach der Revolution von 1848 verhärteten sich die Fronten zum „Nassauischen Kirchenstreit", in dessen Verlauf bis 1861 mehr als 30 Pfarrstellen nicht mehr besetzt wurden. Bischof Blum ließ neue Klöster gründen, darunter das der Vincentinerinnen in Limburg, die sich im 1850 gegründeten Hospital St. Vincenz in der Krankenpflege engagierten.

Limburg wuchs während des 19. Jahrhunderts kontinuierlich. Waren es 1790 noch 2 111 Einwohner, so war die Zahl 1850 bereits auf 3 625 gestiegen. 1866 waren es schon 4 395 Einwohner. Es wurde nötig, die Stadt zu erweitern. Ab 1830 wurde der Neumarkt angelegt, wo bislang Gärten, Ställe und Scheunen waren. Am Kornmarkt wurde die Stadtmauer durchbrochen, später ganz niedergelegt. Am Ende dieses Bereichs befindet sich der Bahnhof. 1862 hatte die Lahntalbahn die Stadt erreicht, und zum Dank wurde

Seite 40 oben:
Die Fratze ganz links steht für die Trägheit.

Seite 40 unten:
Das „Haus der sieben Laster", das durch die sieben Maskenkonsolen ein besonderes Highlight der Altstadt ist.

der verantwortliche Ingenieur Moritz Hilf zum ersten Ehrenbürger Limburgs ernannt. Im Laufe des 19. Jahrhunderts entstanden am Neumarkt und in der Bahnhofstraße Gewerbebauten, Hotels, Gasthäuser und Warenhäuser. In der Südostecke befindet sich das älteste „Hochhaus" Limburgs, das ehemalige Möbelhaus Reuss, dessen sechs Stockwerke zur Zeit seiner Entstehung 1911 eine ganz unerhörte Höhe bedeuteten. Daneben stand seit 1902 das Kaufhaus Geschwister Mayer, das bis in die 1930er Jahre, als die jüdischen Inhaber zunehmend von den braunen Machthabern schikaniert wurden, zu den florierendsten Einzelhandelsge-

schäften und größten Arbeitgebern der Stadt gehörte, nicht zuletzt aufgrund moderner Marketingmethoden („Weiße Wochen", „99-Pfennig-Woche" usw.). Bereits 1860 war die Limburger Volksbank entstanden, und zwei Jahre später erstrahlten die Straßen erstmals im Licht der Gaslampen. Wiederum zwei Jahre später wurde die Industrie- und Handelskammer gegründet.

## ◼ Die Evangelische Kirche

Das letzte große Ereignis der Stadt in Nassauischer Zeit war die Einweihung der neu erbauten **Evangelischen Kirche**

Die evangelische Kirche zwischen Bahnhof und Neumarkt. Eingeweiht wurde sie 1866.

im Mai 1866. Nachdem die Zahl evangelischer Christen in Limburg stark gewachsen war, wurde die bisherige Kirche, die Kapelle in der Erbach, zu klein, und es wurde ein Neubau geplant. An der damals von Alleebäumen gesäumten Schiede fand die Gemeinde ein passendes Grundstück, direkt gegenüber des noch jungen Bahnhofs. Der Bau wurde im Stil der Neogotik errichtet und im Mai 1866 unter großer Anteilnahme der Bevölkerung festlich eingeweiht. 1885 wurde eine Empore eingebaut, um zusätzliche Sitzplätze zur Verfügung zu haben. Als der Bau des Schiedetunnels ab 1970 näher rückte und abzusehen war, dass das in der Nähe liegende Gemeindehaus dem Projekt zum Opfer fallen würde, wurde die Kirche im Inneren umgebaut. Es erfolgte eine horizontale Dreiteilung des Kirchenraumes, die dann unterschiedlich genutzt wurde. Der eigentliche Kirchenraum befindet sich im dritten Obergeschoss und ist für Menschen mit Gehbehinderung per Aufzug erreichbar.

In Folge des preußisch-österreichischen Krieges 1866 hatte Herzog Adolf von Nassau sich auf die Seite der Österreicher geschlagen. Er verlor nach der Niederlage seiner Verbündeten sein Herzogtum und musste ins Exil gehen. Für Limburg begann eine neue Ära.

# Die preußische Stadt Limburg (1866–1945)

Am 8. Oktober 1866 übernahm Preußen nach dem gewonnen Krieg die Herrschaft in Nassau. Dies geschah recht unspektakulär und ohne Widerstand der Bevölkerung. 1867 wurde die Verwaltung in den neuen preußischen Landesteilen reformiert, so dass nun die Kreiseinteilung wie im übrigen Staat durchgeführt wurde. Limburg wurde zunächst Teil des neuen Unterlahnkreises mit der Kreisstadt Diez. Am 18. April 1886 wurden die bisherigen zwölf Nassauer Kreise auf 18 erweitert. Der Kreis Limburg entstand neu. Die Stadt wurde zum Sitz eines königlichen Landrates.

Die positive Entwicklung setzte sich fort. Die Bevölkerung wuchs weiter. Von 4502 Einwohnern 1870 stieg die Zahl auf 5797 im Jahre 1880. 1895 waren es bereits 7400, und 1910 deutlich über 10000. Auch als Behördensitz gewann Limburg an Bedeutung. Bereits 1866 wurde die bisherige Poststelle zum **Postamt**, das 1888/89 einen imposanten Neubau an der Grabenstraße erhielt, wo es sich bis heute befindet. 1867 erhielt die Stadt ein Kreisgericht, 1876 ein Katasteramt. Per Gesetz wurde 1878 die Einrichtung eines Landgerichtes angeordnet.

Besondere Bedeutung als Arbeitgeber gewann das Ausbesserungswerk der Bahn, das 1862 gegründet wurde und bis 2002 bestand. Nach 1870 wuchs die Eisen verarbeitende Industrie stark an. Noch deutlicher zeigte sich die positive Entwicklung im Handel. Die Bebauung um den seit 1830 angelegten Neumarkt war immer dichter geworden, so dass am Ende des Jahrhunderts dort keine Viehmärkte mehr abgehalten werden konnten. So wurde 1899 der Marktplatz außerhalb der Stadt geschaffen. Nachdem es in der Stadt seit 1862 ein Gaswerk gab und 1884 die ersten Wasserleitungen verlegt wurde, begann für Limburg 1892 das elektrische Zeitalter. Schnell erkannten Wirtschaft und Bevölkerung die Vorteile elektrischer Beleuchtung und Anlagen, so dass diese neue Energie rasch Fuß fasste.

## ▪ Das neue Rathaus

Als das Jahrhunderte lang genutzte Rathaus am Fischmarkt am Ende des 19. Jahrhunderts nicht mehr ausreichte, beschloss die Stadtverordnetenversammlung 1892 die Errichtung eines Neubaus. Die Entscheidung fiel für ein Grundstück an der neuen **Werner-Senger-Straße** außerhalb der Altstadt. Ab 1897 wurde gebaut und 1899 zogen die städtischen Bediensteten hier ein. Für die Pläne zeichneten der Wiesbadener Baumeister *Felix Genzmer* und sein Limburger Kollege (und spätere Bürgermeister) *Joseph Kauter* verantwortlich. Das **Rathaus** wurde zweieinhalbgeschossig ausgeführt mit hohem Kellersockel, verputzter Fassade und Fachwerkdachgeschoss. Der Bau weist Elemente der nordischen Renaissance und der Gotik auf. Die Farbgebung ist angelehnt an die Bauten der Altstadt. Überregional ist das Limburger Rathaus bedeutend als Beispiel für einen Verwaltungsbau des Späthistorismus. Die Vergrößerung der Verwaltung machte 1968–1970 die Errichtung eines Anbaus nötig, der stilistisch im deutlichen Kontrast zum Altbau steht, da er ein rein funktionaler Zweckbau ist. 1993 wurde dieser Teil um zwei Geschosse erhöht.

## Die rasante Entwicklung seit dem 19. Jahrhundert

1908 wurde als zweites wichtiges öffentliches Finanzinstitut die Limburger Sparkasse gegründet.

Mit dem „Limburger Anzeiger" und dem „Nassauer Boten" erschienen im letzten Drittel des 19. Jahrhunderts zwei wichtige lokale Tageszeitungen, später kam das St. Lubentiusblatt als religiöse Wochenzeitung hinzu.

Auch in geistiger und geistlicher Hinsicht entwickelte sich Limburg weiter. 1883 war nach siebenjährigem Exil Bischof Peter Joseph Blum nach Limburg zurückgekehrt und von der Bevölkerung begeistert empfangen worden. Im gleichen Jahr hatten sich die Armen Dienstmägde Jesu Christi (Dernbacher

Schwestern) im Kloster Bethlehem niedergelassen. Seit 1892 waren die Pallottiner in der Stadt ansässig. Diese Gemeinschaft hatte sich vor allem die Kamerun-Mission auf die Fahnen geschrieben. 1895 folgten die Pallottinerinnen.

1874 war die Thau-Schule, eine private evangelische höhere Töchterschule, eröffnet worden. Auf katholischer Seite entstand 1895 die Marienschule. Für Jungen gab es seit 1878 das Gymnasium, das heute den Namen des Stadtschreibers Tilemann führt und wo 1903 die erste Abiturprüfung abgelegt wurde.

In der Zeit vor 1914 war Limburg häufig das Ziel „hoher und höchster Herrschaften", insbesondere derjenigen, die sich im nahen (Bad) Ems oder in Bad Nauheim zur Kur aufhielten. 1905 kam Kaiser Wilhelm II. in höchsteigener Person, um am Rande von Manövern im Limburger Raum auch die Stadt und den Dom zu sehen. 1910 war es Zar Nikolaus II., der die Stadt mit einem Besuch beehrte. Aber auch zahlreiche weitere gekrönte Häupter besuchten die Stadt, teils offiziell begrüßt, oft aber auch inkognito.

## Limburg zwischen 1914 und 1945

Der Ausbruch des Ersten Weltkrieges bedeutete für Limburg wie für ganz Deutschland das Ende einer positiven Entwicklung. Im nahen Dietkirchen entstand ein großes Kriegsgefangenenlager. Nicht weniger als 285 Limburger kehrten aus dem Krieg nicht mehr zurück. 1915 wurde auf dem Neumarkt ein Gedenkstock aufgestellt, in den die Limburger gegen eine Spende einen Nagel einschlagen konnten. Die Aktion brachte innerhalb von 11 Monaten 12.500 Mark ein, die der sozialen Betreuung der Soldaten zugute kamen. Der Nagelstock befindet sich heute im Stadtarchiv.

Die Revolution im November 1918 verlief in Limburg in weitgehend geordne-

ten Bahnen. Der Bürgermeister rief zu Ruhe und Besonnenheit auf, und den Revolutionären war vor allem an einer Sicherung der Lebensmittelversorgung gelegen. Auf spektakuläre Aktionen wurde verzichtet. Eine Schulchronik vermerkte in vernichtendem Urteil über die Revolution: „Eine halb humoristische, halb traurige Erscheinung."

Limburg blieb nach dem Ersten Weltkrieg unbesetzt, ja hatte vorüberge-hend sogar eine Hauptstadtfunktion inne, nämlich für den „Freistaat Flaschenhals". Es war dies ein schmales Gebiet zwischen zwei rechtsrheinischen Besatzungszonen der Alliierten. Dazu gehörten die Orte Lorch, Kaub, Sauerthal, Ransel, Egenroth und andere. Die nächste unbesetzte Kreis- und Gerichtsstadt war Limburg, so dass der Regierungspräsident dem Limburger Landrat die Verwaltung des

Gebietes übertrug. Im Februar 1923 machten französische Truppen diesem Zustand ein Ende, indem sie in den Freistaat einrückten und auch Limburg besetzten. Die von ihnen geförderten Separatisten, die einen unabhängigen Rheinstaat forderten, hatten aber hier wie andernorts einen schlechten Stand in der Bevölkerung.

Auch in Limburg zeigten sich die Vorboten des Nationalsozialismus. Die erste bekannte Versammlung fand 1928 mit 32 Teilnehmern statt. Im gleichen Jahr wurde die erste Ortsgruppe gegründet. Bei seinem „Deutschlandflug" im Oktober 1932 sprach Adolf Hitler auf dem Neumarkt. Die sogenannte „Machtergreifung" lief nach dem gleichen Drehbuch ab wie andernorts. Der langjährige Bürgermeister und die Stadtverordneten wurden durch SA-Schläger massiv unter Druck gesetzt, bis sie ihrer Ämter aufgaben, Straßen und Plätze wurden umbenannt, Juden und politische Gegner diskriminiert, unterdrückt, verfolgt und ermordet. Zahlreiche Limburger jüdischen Glaubens gingen in die Emigration, viele vermochten sich nicht mehr rechtzeitig in Sicherheit zu brin-gen und kamen in den Konzentrations- und Vernichtungslagern um. Für die Behinderten, die im nahen Hadamar ermordet wurden, trat der Limburger Bischof Antonius Hilfrich ein. 1941 protestierte er gegen die „T 4-Aktion", der alleine in Hadamar mehr als 10 000 Menschen zum Opfer fielen.

Das markanteste Bauwerk dieser Zeit, dessen Ästhetik bis in die Gegenwart gelobt wird, war die im November 1939 fertig gestellte **Autobahnbrücke** über das Lahntal. Der nach Plänen des Architekten *Paul Bonatz* errichtete Viadukt fand allgemeine Bewunderung. Im März 1945 wurde die Brücke durch ein deutsches Sprengkommando zerstört, das Hitlers „Nero-Befehl" (Zerstörung der Infrastruktur vor der feindlichen Eroberung) erfüllte.

Im Zweiten Weltkrieg erlebte Limburg zahlreiche Luftangriffe mit massiven Zerstörungen, insbesondere rund um das Reichsbahn-Ausbesserungswerk. Die Altstadt blieb weitgehend, wenn auch nicht vollständig, von Bomben verschont. Für Limburg endete der Krieg mit dem Einmarsch amerikanischer Truppen am 26. März 1945.

# Limburg seit 1945

Limburg wurde Teil der amerikanischen Besatzungszone und des neu gebildeten Landes Hessen. Erster Nachkriegs-Bürgermeister wurde der von den Alliierten eingesetzte Joseph Schneider, unter dessen Leitung die Kriegsschäden beseitigt wurden. 1950, als die Stadt bereits mehr als 15 000 Einwohner zählte, wurde das erste Oktoberfest gefeiert, ein Jahrmarkt, der sich ungebrochener Beliebtheit erfreut. 1953 wurde Limburg Drehort eines Spielfilms: „Die kleine Stadt will schlafen gehen" entstand in den Straßen der Altstadt. Einige Jahre später wurden auch Szenen des Films „Das brennende Gericht" gedreht.

1965 trat Josef Kohlmaier (1921–1995) sein Amt als Bürgermeister an. In den folgenden zwanzig Jahren nahm die Stadt eine rasante Entwicklung. Mit Kohlmaiers Namen verbindet sich die Sanierung der Altstadt, die Gründung der Wohnstadt Blumenrod im Limburger Süden, die Vergrößerung der Stadt durch die hessische Gebietsreform, und die Städtepartnerschaften mit dem französischen St. Foy-lès-Lyon und dem englischen Lichfield. Zur Entlastung der Innenstadt wurde das „Schiede-Projekt" realisiert, das den Verkehr teilweise unterirdisch durch Limburg leitet. Als Kohlmaier 1985 aus dem Amt schied, ernannte

die Stadtverordnetenversammlung ihn zum Ehrenbürger. Sein Name ist heute noch im Stadtbild präsent, ist doch die neben dem Rathaus liegende Stadthalle nach ihm benannt. Seit den 1960er Jahren war über die Errichtung eines „Bürgerhauses" für Limburg diskutiert worden. 1970 wurden die Planungen konkreter. 1977 wurde die neue Stadthalle in Betrieb genommen. Seitdem ist sie ein kulturelles Zentrum der Stadt, da hier jedes Jahr ein vielseitiges Programm – Konzerte, Vorträge, Kabarett, Ausstellungen, Tagungen und vieles mehr – stattfinden.
Zu den bedeutendsten Entwicklungen am Ende des 20. und zu Beginn des 21. Jahrhunderts zählt zweifellos die Anbindung Limburgs an das neue ICE-Netz. 2002 hielt erstmals ein solcher Zug in Limburg, und 2004 wurde der neue Bahnhof auf der Anhöhe zwischen Limburg und dem Stadtteil Lindenholzhausen eröffnet. Es ist der bislang einzige Bahnhof in Deutschland, an dem ausschließlich ICE-Züge halten.
Im Jahre 2010 schließlich blickt Limburg auf 1100 Jahre seiner Geschichte zurück – Zeit, auf das Erreichte stolz zu sein und zugleich den Blick in die Zukunft zu richten.

# Quellen- und Literaturverzeichnis
## (Auswahl, Schwerpunkt Altstadt und Architektur)

Eiler, Klaus: Das Limburger Stadtbuch von 1548. Georg Rauschers „Ordenung der Oberkeit" und andere ausgewählte Quellen zu Bürgerrecht und Stadtverfassung von Limburg im 16. und 17. Jahrhundert. Eine Edition (= Veröffentlichungen der Historischen Kommission für Nassau 46). Wiesbaden 1991.

Forschungen zur Altstadt 1: Das Gotische Haus Römer 2-4-6. Limburg 1992.

Forschungen zur Altstadt 2: Die Limburger Fachwerkbauten des 13. Jahrhunderts. Limburg 1997.

Forschungen zur Altstadt 3: Limburger Fachwerkbauten des 14. und 15. Jahrhunderts. Limburg 2002.

Fuchs, Johann-Georg: Limburger Altstadtbauten. Bürger und Begebenheiten. 2. erg. u. verb. Aufl. Limburg 2006.

Fuchß, Verena: Kulturdenkmäler in Hessen. Stadt Limburg (= Denkmaltopographie der Bundesrepublik Deutschland). Wiesbaden 2007.

Höhler, Jakob: Geschichte der Stadt Limburg an der Lahn. Limburg o.J. (1935).

Limburg im Fluss der Zeit. Schlaglichter aus 1100 Jahren Stadtgeschichte (= Beiträge zur Geschichte der Kreisstadt Limburg a. d. Lahn 1). Limburg 2010.

Die Limburger Chronik des Tilemann Elhen von Wolfhagen, hg. v. Karl Reuss. Limburg 1961.

Maibach, Heinz: Limburg in alten Ansichten. Zahltbommel/NL 1976.

Quellen zur Geschichte der Klöster und Stifte im Gebiet der mittleren Lahn bis zum Ausgang des Mittelalters 1: Das St. Georgenstift, die Klöster, das Hospital und die Kapellen in Limburg an der Lahn. Regesten 910-1500, bearb. v. Wolf Heino Struck. (= Veröffentlichungen der Historischen Kommission für Nassau 12). Wiesbaden 1956.

Schatz, Klaus: Geschichte des Bistums Limburg (= Quellen und Abhandlungen zur mittelrheinischen Kirchengeschichte 48). Wiesbaden 1983.

Schirmacher, Hildegard: Domus scholasteriae. Die Geschichte und die Sanierung des Hauses Domplatz Nr. 5 in Limburg. 2. erw. Fassung Limburg 2008.

Sternberg, Leo: Limburg als Kunststätte. Düsseldorf 1911. ND Limburg 1984.

Stille, Eugen: Limburg an der Lahn und seine Geschichte. Ein Überblick. Limburg 1971.

Stillger, Bärbel und Roth, Stefanie: Augen auf! Eine Spurensuche in Limburg. Brechen 2005.

Struck, Wolf Heino: Die Gründung des Stifts St. Georg und die Erbauung der heutigen Kathedrale in Limburg a.d. Lahn, in: Nassauische Annalen 97 (1986), S. 1-31.

Verhoeven, Jennifer: Zwischen Erhalten und Gestalten. Die Restaurierungen des Limburger Domes seit 1869 (= Arbeitshefte des Landesamtes für Denkmalpflege Hessen 10). Wiesbaden 2006.

Winterfeld, Dethard von: Der Dom zu Limburg: Eine architekturgeschichtliche Betrachtung, in: Deutsche Königspfalzen: Beiträge zu ihrer historischen und archäologischen Erforschung. Bd. 6: Geistliche Zentralorte zwischen Liturgie, Architektur, Gottes- und Herrscherlob. Limburg und Speyer, hrsg. von Caspar Ehlers u. Helmut Flachenecker. Göttingen 2005, S. 87-115.

Der Verfasser dankt
Herrn Johann-Georg Fuchs, Limburg,
für viele wertvolle Hinweise.

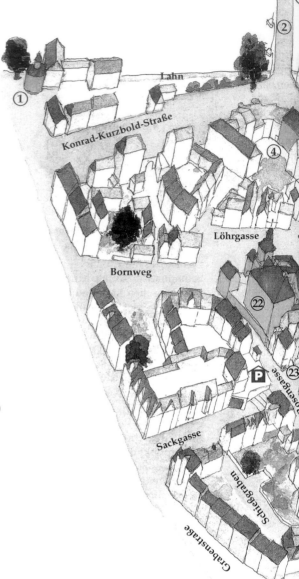

1. Katzenturm
2. Alte Lahnbrücke
3. Nepomuk-Statue
4. Ehemaliger Hof des Klosters Arnstein, Brückengasse 2
5. Haus der sieben Laster, Brückengasse 9
6. Kapelle in der Erbach
7. Römer 2-4-6
8. Römer 1
9. Diözesanmuseum, Domstraße 12
10. Haus Staffel, Domplatz 7
11. Dom St. Georg
12. Limburger Schloss mit Stadtarchiv
13. Scholasterei, Domplatz 5
14. Franziskaner- bzw. Stadtkirche
15. Haus Trombetta, Frankfurter Straße 2
16. Plötze Nr. 22 und 23
17. Historisches Rathaus, Fischmarkt 21
18. Fischmarkt 9
19. Fischmarkt, der wohl älteste Teil der Stadt
20. Rütsche mit den „Tanzenden"
21. Werner-Senger-Haus, Rütsche 5
22. Walderdorffer Hof, Fahrgasse 5
23. Rosenhaus, Rütsche 1 und 2
24. Hospital- oder Annakirche
25. Brüderhaus mit Touristik-Info